U0568798

爱 智 书 系

哲学就是爱智慧

朱正琳 著 赵汀阳 黄穗中 图

中国人民大学出版社

·北京·

请摘下这朵小花，带走吧，不要迟疑！我担心她会凋谢，会跌落尘埃。

　　她也许配不上你的花环，但请摘下她，以你的采摘之痛给她以荣耀吧。我担心在不知不觉间白昼已尽，我错过供奉的时辰。

　　虽然这花儿的颜色不深，香气很淡，请还是及早采摘，用它来礼拜吧。

——泰戈尔（《吉檀迦利》）

写在前面的话

　　我这是在给你讲哲学。讲哲学比不得讲故事，我担心你一听到"哲学"这两个字就会头疼。这样吧，让我也先来讲一个故事，这故事恰好和"头疼"有点关系。在古代希腊，有许多神话传说。其中一个传说讲，有一天，众神之王宙斯突然感到头疼，不是一般的疼，是剧烈的疼。你知道，神是不会生病的，那么，宙斯头疼的原因是什么呢？原来是宙斯的一个女儿要诞生了，她不是由宙斯的妻子赫拉生的，而是直接从宙斯的头脑里蹦出来的。宙斯的这个女儿就是著名的雅典娜，古希腊人称她为智慧女神。你看，头疼不要紧，能生出智慧。再

哲学是一艘不明航向的船

看一看流传下来的雅典娜画像，她手执长矛，全身披挂，威风凛凛，因为她同时也是女战神。看起来在古希腊人眼里，智慧就是力量。因此，古希腊人都很敬爱雅典娜，把她尊奉为古希腊最伟大的城邦——雅典的守护神。而雅典城，一度也正是哲学最发达的地区。"哲学"这个词，在古希腊语中不是别的意思，就是爱智慧。一直到现在，在西方国家的语言中（英语、法语、德语等）也都沿用了这个词。

我就想照这个词的意思来给你讲哲学。不过，我却不敢在你面前冒充智慧老人什么的。这是因为：第一，我虽然学了好多年的哲学，却说不上有智慧；第二，我虽然比你大许多许多岁，却还不能算老。爱智慧的心我倒是有的，我知道在这一点上你的心与我相通。据我多年的观察，世上只有不爱智慧的大人，没有不爱智慧的孩子。可是，大人也是从孩子长大的呀！怎么会小时候爱智慧，长大了反倒不爱智慧了呢？我想那是因为：第一，大人有好多事要忙，他们往往会觉得自己更需要的是挣钱的本事，而不是智慧；第二，他们对周围世界已

3

经很熟悉，对好多事常常满足于一知半解便不再觉得惊
奇，而惊奇却是爱智慧的主要原因。也许还有第三、第
四……但说来说去可以归结为一句话：有些大人失去了
童心。"不对呀，"你也许会反驳我，"人家都爱把智慧与
老人连在一起，你怎么把智慧与童心连在一起?"你别
急，让我把我的意思说清楚些。爱智慧不等于有智慧。
没有爱智慧的心，当然成不了有智慧的人；有了爱智慧
的心，还要再经过学习（不仅从书本中学，而且从生活
中学），才有可能成为有智慧的人。在我看来，爱智慧的
心就是没有因人情世故而变老的童心，而哲学家们最像
大孩子。

孩子都喜欢发问。有些问题问得好"傻"，让大人们
没法回答。我小时候就是这样。大人们总爱说："你长大
了就知道了。"可是我却常常等不及长大，死缠活磨地非
问个水落石出不可。等到大人们终于不耐烦了，我就只
好打住，可心里面却很不满足。后来我自己成了父亲，
我儿子又缠着我问同样的问题。我这才想起来，原先想
着长大了一定要弄清楚的好多问题，真长大时居然全都

忘了，根本就不再想那些问题了。再仔细想想，孩子提的许多"傻"问题，大半都与哲学问题有关，所以，我今天打定主意，一边跟你讲，一边努力回想我小时候。我记得，那时候的我跟现在的你一样聪明。

目　录

I. 什么是哲学？

这个问题我很难跟你说清楚，
可是你却不必为此灰心

　　这个问题本来不应该成为第一个问题，因为：放在平常，你不可能这样劈头盖脸地问我。可是我现在说了要给你讲哲学，这个问题在你那里就有可能脱口而出了。说实话，这个问题很难回答。怎么讲呢？哲学当然也是一门学问，但它与其他学问不同的地方在于：它好像没有很具体的（分门别类的）研究对象。举例说吧，生物学是研究动物、植物的；物理学是研究声、光、电等自然现象的；历史学是研究各个民族和全人类的历史的；如此等等。而哲学是研究什么的却不太容易说得清楚，因为它好像什么都研究。但你却不能说它是全部学问的总和，且不说这样的学问没人做得了，即使做得了，它也没有必要成为单独的学科。事实上，关于哲学是研究什么的，哲学家们相互之间也时常争论不休（这样的事在生物学家、物理学家、历史学家那里就不太会发生）。

思想是智慧，反思是爱智慧

有人说，哲学是整个知识大厦的基础，有人说哲学是知识大厦的屋顶，还有人说哲学是介于科学与宗教之间的一个中间地带的学问。我们的教科书上则说："哲学是关于世界观的学问。"什么是世界观呢？就是对世界的"总的看法"。什么是"总的看法"呢？那就是"不是分门别类"的看法。这个说法要告诉我们的好像只是：哲学不是其他学问。

以上种种说法，并不能帮助你对"哲学是什么"有个了解，哪怕是初步的了解。要想说清楚"哲学是什么"的确很不容易。不过，你也大可不必因此灰心，因为你并不一定要到弄清楚这个问题之后才可以进入哲学之门。等你进去看过以后，你心里就大概有了个谱，也不必再苦苦追问别人了。

当你"打破砂锅问到底"时，
你就离哲学的门不远了

这句话是我对儿子说的。说这话时他还小（现在他已快长大成人了），也喜欢死缠着我问："什么是哲学？"
他之所以有此一问，是因为知道我报考了哲学专业。我
当时很为难，急中生智就回答了他这么一句。事后想想，
我确实也不是在敷衍他。其实，孩子一旦发问，本来就
离哲学不远了，因为发问是出于求知欲，而求知欲是源
于爱智慧的心。只不过大人们常常根据自己已经掌握的
（分门别类的）知识给孩子作出解答，使求知欲得到了一
定程度的满足，孩子有时候就不再追问了。

　　但是，倘若有一个孩子不依不饶，用一连串"为什
么"追问下去，而大人又不想打马虎眼的话，那问题就
常常会变成一个哲学问题。比方说吧，我儿子就曾经问
过我："地球是圆的，那人为什么不会掉到天空里去？"
这个问题听上去好像有点"傻"，实际上却与大科学家牛
顿当年坐在苹果树下提的是同一个问题。牛顿的问题是：
"苹果熟了为什么会掉到地上？"这个问题当然也就是在
问："它为什么不掉到天空里去？"就是从这个问题想起，
牛顿发明了万有引力学说。我也是根据牛顿的这个发明
对儿子作了解答："那是因为地球有引力。""什么是引

你要是一直惊奇下去，就有可能成为一位哲学家

力?""引力就是把你给吸住、拽住的力。""可是,为什么会有引力?"这一下可把我给难住了,因为牛顿只告诉我们:凡有质量的物体相互之间都存在引力,却从来没解释过为什么会存在引力。他是个物理学家,大概认为这个问题已超出了物理学的范围。但是,这不等于说,这个问题纯粹是一个傻问题,不值得人们认真想一想。

我们现在把问题换一个提法:各种物体之间为什么刚好是有引力而不是没有引力呢?或者,这个世界为什么刚好是这样子而不是另一个样子呢?大人一急,就常会说:"我怎么知道呢?这世界又不是我造的!"而一个哲学家(一个大孩子)这时候却会说:"我知道这世界不是你造的,也不是我造的。可是,它偏偏像这个样子而不是像另一个样子地存在着,你就一点儿不觉得奇怪么?"你看,一个孩子的问题就这样和一个哲学家的问题合而为一了。共同点是什么呢?是"惊奇",止不住的惊奇。古希腊有位哲学家说过:"惊奇是学问之父。"惊奇要是止不住,哲学活动就势在必然地会发生。说到底,哲学其实不是一种(分门别类的)知识,而是永远活动着的思想。你仔细体会一下就能知道，一旦感到惊奇，你就开始有发问的冲动，也就开始了独自探索的思想活动。惊奇不止，发问的冲动和思想的活动就不会停止。你要是一直惊奇下去，就有可能成为一位哲学家。

Ⅱ. 哲学家们想些什么问题?

上篇：关于这个世界

　　我已经说过，哲学家都像大孩子，他们想的问题其实和你想的问题很相似。你与他们有一个共同点，那就是止不住的惊奇。不同的地方则在于，他们大都已经学到了很多知识，往往比一般大人学到的还要多。学到了这么多知识还在惊奇，你长大了就不一定会是这样。

　　首先让你和哲学家们感到惊奇的是这个世界和这世界上的万事万物。比如：据说蝴蝶天生是色盲，那它们为什么会有那么漂亮的斑纹？据说蝙蝠天生是瞎子，它们是用超声波感觉到洞中岩壁的存在的，那它们感觉到的岩壁会和我们看到的岩壁一样么？如果不一样，那么岩壁真正的样子到底是像蝙蝠感觉到的那样，还是我们看到的那样？据说天上的星星有些离我们很远很远，从它们那里发出的光要走几十万年甚至几百万年才能到达地球，进入我们眼里，也就是说，我们看见的只是它们

许多哲学家对世界很感兴趣

几十万年前甚至几百万年前的样子。也许它们已经消失了，我们却还能看见它们，而它们还存在的时候，我们却看不见它们。那么，说它们存在或不存在到底是什么意思？这世上从来没有龙，可我们却知道龙是一种什么东西，一个从来不存在的东西怎么又会是个什么东西呢？……这些问题一直追问下去，人就不得不进入哲学思考了。

不过，从你发问到哲学家发问有时候还是有一段距离的，我们不妨来试着走过这段距离。为了做到这一点，我假想你正跟一个大人坐在一块儿聊天，不断地对他提出问题。而我呢？其实也坐在你旁边，忍不住时就会插起嘴来。对了，这个大人叫什么名字来着？反正是假想的，我们就胡乱给他取个名吧，比如说，就按扑克牌叫他老 K，同意了？

一还是多：从一张纸说起

拿一张纸来，这纸既没有孔又没有缝。如果你想用什么东西穿过这张纸（比如用针），除了戳破它就没有别的办法。可是,如果你在这张纸上滴一滴水,一会儿工夫,纸的两面就都湿了。这时候你就问:为什么水能穿透纸呢?

老 K 学过物理学,这个问题难不倒他。他说:任何物质都是由分子组成的。水分子比构成纸的分子(纸不是单纯由一种分子组成)之间的距离要小,所以它们就钻过去了。

你开始感到惊奇:这么说,整张的纸其实不是一整张,它中间实际上有许多小孔么?

回答:是的,只不过这些小孔太小,你的眼睛看不见而已。

你更加惊奇了:如果这张纸有许多小孔,那我面前的桌子,我对面的窗玻璃,还有工厂里的那些大铁板恐怕都有许多小孔吧?你想,它们不也是由分子组成,分子之间不也是有距离的么?

回答又是肯定的。

你显然是个喜欢想事的孩子,以下联想在你那里很快就产生了:那就是说,如果我们的眼睛能看得见,我们看到的这张纸就不是一整张，而是数不清的、彼此之间有距离的小颗粒在那里待着或者动着？

老K高兴了：对呀，你真是个聪明的孩子。

这一回你真的惊呆了，因为你突然想到：我们看到天上的星星彼此相隔很远，可是，假如有一个比我们的宇宙还要大的巨人从宇宙之外看过来，我们的宇宙会不会是一个既没有孔又没有缝的实心球，就像我们现在看到的这张纸一样？

老K有点犹豫，他说：不可能有这种巨人。

可你不依：假如嘛，假如有呢？

老K想了一想，说：很可能会是像你想的那样。据我所知，构成分子的是原子，原子与原子之间也有距离。构成原子的又是原子核和围绕原子核旋转的电子。一个原子就很像一个太阳系，而原子核和电子之间的距离（相对于它们自身的大小来说）其实比太阳与地球之间的距离还要大。可我们根本就看不到原子核与电子之间空着的那段距离。

我插嘴了：古希腊有个叫巴门尼德的哲学家就说过，

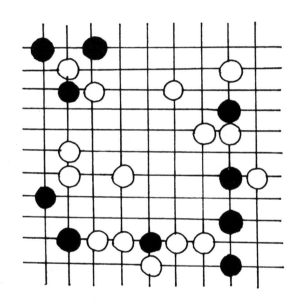

事物间暗中都有着联系

如果我们的思想能直观整个存在（也就是把整个宇宙放在我们对面来看），我们看到的存在就是一个大球。听见了没有？你提的问题哲学家们想过。还有，近代荷兰哲学家斯宾诺莎也曾经这样来想这个问题：假如我们的红血球（你知道，我们身上的血液是由许许多多红血球和白血球组成的）上生活着一些能看能想的微小生物，在它们眼里，其他红血球和白血球会不会像是一些红色或白色的星球呢？斯宾诺莎从这种想象里看到了许多哲学问题，我想先提出其中的一个。按照哲学家们的表述就是：世界是一还是多？如果只听这句话，肯定会觉得又枯燥又难懂，可是顺着刚才的思路想，这问题就有几分有趣了。你可以把问题换成：宇宙究竟是由许多星球连成的一个整体，还是一群互不相连、互不相干的星球呢？

现在你可以说：哲学家想过的问题我也想过。

本质与现象：像什么样子？

你好像对我插嘴说了那么多不太满意，觉得我打断了你的问题。你又说：我们看到的宇宙是一个样子，那位巨人看到的又是另一个样子，哪一种样子才是真的？

老Ｋ说：我不知道哪一种是真的，因为我不知道世界本来是什么样子。

你眼睛一亮，觉得这回问题要问到点子上了：你是不是说，世界有一种本来的样子？

老Ｋ倒好像没觉得这问题有多重要，他漫不经心地说：应该有吧，它总不会什么样子都没有吧？

你于是急不可待：那么，会不会有一种眼睛，能看到世界的本来样子？

我看出你的问题其实离哲学只有一步之遥了，我说：哲学家们就是想知道世界本来是什么样子。他们的问题是，世界的本质是什么？他们之所以选择了"本质"这个词，我想是因为"样子"这个词太多地与我们的眼睛连在一起。世界上有那么多种不同的眼睛，用眼睛看时又有那么多种不同的角度，看到的"样子"肯定会千差万别。哪一种样子是真的，的确非常难以判断。不过，打个比方说吧，蝙蝠所感觉到的岩壁和我们所看到的岩

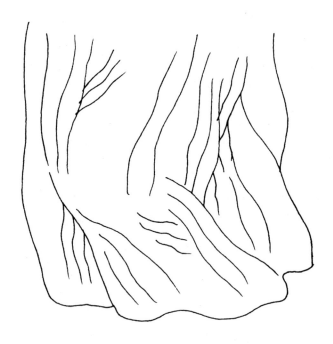

世界的幕后好像有点什么东西

壁在"样子"上肯定很不相同,但无论是蝙蝠还是我们都不会把岩壁误认为是(比如说)棉花,否则早就会碰得头破血流。我的意思是说,任何一种"样子"都不会只是由我们的感觉器官造出来的,它毕竟是某种东西的"样子",肯定与那种东西的性质有关。"样子"随着眼睛构造的不同而千变万化,"性质"却是不变的。这种不变的性质就被称为"本质",那些千变万化的"样子"则被哲学家们称为"现象"。因此,与"世界的本质是什么"这一问题相关联,哲学家们还追问"本质与现象的关系是怎样的"。有趣的是,古希腊有几位哲学家在问这样的问题时最接近你的问法,因为他们几乎把本质就看成了"本来样子"。他们有的人把世界的本质说成是水,有的则说成是火,其他东西全都是水或火变化了的样子。

可知还是不可知:有没有这样一种眼睛?

你也不耐烦了,说:可是我刚才提的问题你们还没有回答呢!我是问,会不会有一种眼睛能看到世界的本来样子？

老 K 这一回抢着回答了：不大可能有这种眼睛吧。你想想，这种眼睛的构造会有多复杂，它既要像天文望远镜，又要像显微镜，还要像 X 光透视仪……我们没法想象有什么眼睛能同时具备这么多功能，因为它们在构造上会互相冲突。

你当然不会对这种回答表示满意，你说：我不是问会不会有一种眼睛能同时看到用不同眼睛看到的各种样子。比方说吧，在一个哈哈镜展厅里如果放有一面平常的镜子，我们难道不会认为那面平常镜子里的形象就是自己的本来样子吗？在各种动物的眼里，世界有各种样子，可是其中有一种却是它的本来样子，这不可能么？

老 K 说：你这么讲，我倒不敢斩钉截铁地说一个"不"字了。不过，问题也许在于，人的眼睛好像并不恰好就是这种眼睛。前面已经说过，你看到的纸是一整张，但其实它却有许多小孔。所以，从古到今流传着许多神话，说神怪的眼睛能看到人所看不到的东西，识破人所不能识破的假相。你想想真假美猴王的故事就能明白了。

这个故事最有意思的地方是,真假猴王最后打到如来佛面前时,如来佛根本不是用眼睛辨认他们的真假的,他心里早就知道了。

这一回你可兴奋了:我就是这个意思!不一定非得用眼睛看不可,我说眼睛也只是打个比方。我想问的其实是我们是不是能知道世界的本质(你刚刚学会用这个词)?

好家伙!这一回你提的问题简直就跟哲学家的说法一模一样了!我忍不住赞叹道。

你继续兴奋地说:我看不出纸上有许多小孔,可是科学家就让我知道了这一点。神话故事里说只有神才能知道的东西,才能辨别的真假,现在人依靠科学都能办到了,有些比神话里还神。比如说,天文望远镜就比传说中的千里眼要看得远,而且是远得多。我们是不是可以说,掌握了科学方法的人已经具有看到世界真面目的"眼睛"了呢?

既然你已经直截了当地提出了哲学问题,我就不能保持沉默了。"世界究竟可知还是不可知?"这是近代哲学家最为关心的一个问题。原因是什么呢?我想恰恰是

神秘不可知

因为近代以来科学高速发展,人类取得了太多知识的缘故。知识从来就有真有假,把假猴王误认作真猴王的事经常会发生。知识多了,辨别真假知识的需要就更为迫切。不仅如此,近代科学知识的增长使得人类的自信心也在空前增长,有好长一段时间人们觉得人类不仅有能力逼得世界"原形毕露",而且因此就有能力控制这个世界,成为世界的主人。这就引起一些哲学家的怀疑与忧虑:我们真的有这样的能力么?就说科学方法吧,一般人总相信:只要严格地依照科学方法就能取得真知识。可是科学方法并不仅仅意味着正确地使用精密仪器,还需要正确地使用我们的感觉与思维,因为你必须用眼、耳、鼻等感觉器官来观察,还必须依靠思维活动来作出分析、归纳、综合等,才能得出结论。什么叫正确使用呢?科学仪器是人造的,人可以规定它们得到正确使用的方法;感觉与思维都不是人造的,人怎么可能知道哪一种使用方法是正确的呢?还有,科学仪器的功能总是有限的,任何一种仪器都只能适用于一种或几种目的,感觉与思维难道就没有不能适用的地方?或者说,感觉与思维就没有不可能达到的目的？我是说，感觉与思维自身也许就有缺陷，用科学仪器也没法弥补的缺陷。尤其对于思维来说更是如此，因为迄今为止，科学仪器一般只是在弥补感觉器官的缺陷。最后，科学仪器必须经常受到检验，即便如此，也还常有出错的时候。那么，感觉与思维呢？我们检验过它们吗？如果要检验，该用什么样的方法去检验呢？哲学家们打定主意，要从根本上来检查一下我们的感觉与思维，也就是我们所拥有的认识能力。他们当中大多数人都不能同意"这世界根本不可知"的看法，但他们也很少有人认为人类有能力完全彻底地认识这个世界。因此，他们大多把注意力放在人类认识能力的限度这一点上。他们的问题是：什么叫知识？什么样的知识是真知识？在什么样的范围内人可以取得真知识？等等。应该指出的是，当代科学家中也有越来越多的人谈到了科学本身的限度。

有与无：想一想"太空"

你大概觉得我已经把问题扯得太远了。你宁愿回到我们的出发点,那里还有许多疑问哩。于是你又问:一张纸,如果不是像我们看到的那样是一整张,而是像我们知道的那样有许多小孔,而且,由于原子核与电子之间的距离是那么大,它实际存在的情况就不仅仅是有一些小孔的问题了,恐怕空着的部分比有东西的部分还要大呢。反过来再看看宇宙太空就知道了,空着的部分不是比有东西的部分大得多么?

老 K 觉得你的想法很有意思,但他不明白你想问的是什么,我也有点不明白。

你急了:空着的部分这么大,我们怎么还能说有一张纸,有一个世界呢?你想想,所有的星球说到底都是由彼此距离很大的原子核和电子组成的,而原子核和电子中间也许还有空着的部分,它们也不见得是绝对实心的小球呀。要是我们能看见所有这些空着的部分,整个宇宙不就是空茫茫的一片,至多只有丁丁点点、稀稀疏疏的小颗粒了吗?可是,这张纸又明明白白地摆在我面前,我还可以在上面写字哩。这到底是什么意思呢?你说呀!

老 K 被你说得头发晕。他觉得你想得太玄了,不知

什么是实? 什么是空?

该对你说什么才好。我却看得出来,你已经不是在提问题,而是在表达你的惊奇了。哲学家们把你的惊奇表达为:存在究竟是什么意思? 我们通常爱把存在理解为占据了空间,而且是满满实实地占据了空间。什么地方空着,我们就会说:那里没有任何东西,也就是不存在任何东西。但有时候我们会说,有一个宇宙太空,这里的"有"又是什么意思呢? 实际上,我们说"宇宙存在着"的时候,总是包含了"太空存在着"的意思,而且更多的时候是把宇宙看作太空的。举一个例子就清楚了,我们常常把想象中的外星人叫作太空人而不是宇宙人。然而,如果太空是"存在",那么,不存在、没有又是什么意思呢? 当然,哲学家们在对存在表示惊奇并追问存在的意义时,想到的方方面面比我现在说的要多得多,最重要的一条是他们更多地想到了时间。时间是一个使哲学家们更为头疼的问题,但说起来太复杂,我就不去说它了。好在"条条大路通罗马",我的任务只是选一条路把你带到罗马城。至于罗马城里都有些什么,我把你交给另一个导游先生,让他去告诉你吧。(有另一个大人在给你写另一本书哩!)

生与天：碰了一下"时间"

你好像并不急于进罗马城，倒宁愿把通向罗马的道路都走一遍。一个新的问题又从你嘴里冒出来了：我现在一把火把眼前这张纸烧了，这张纸就再也不存在了。可是，老师告诉我们说，有一个定律叫物质不灭定律，那意思是不是说，这张纸里的原子并不会因为这把火就再也没有了呢？

我发觉你已经盯上我了，提问题都不再对着老 K 提。我回答说：你的理解完全正确，这张纸中的所有原子，一个也不会消失。

你笑了，觉得我已经落入你的圈套：这岂不是证明，真正存在的只有原子，而绝不是这张纸？

我有点慌了：话可不能说得这么武断。的确有一派哲学家的主张与你的讲法相似，（小家伙，你可别得意！）例如古希腊的哲学家德谟克利特就提出过原子论。不过，你的说法好像包含了一种假定：只有不生不灭也即占据了全部时间的东西才是真正存在的。为了把事情说得更清楚，我想我得给你讲讲哲学家们关心的另一个问题，那就是：什么是实在？"实在"这个词的意思，简单讲就是你所说的"真正存在的"。如果说只有不生不灭的东西才是实在的，那就至少还有一样东西跟原子一样实在，我说的是这整个世界。你说这整个世界是由原子组成的，当然没有错。可是，我们已经说过，原子组成世界的方式可能有两种：一种是彼此毫不相干地堆在一起，相互之间没有任何关系，这世界于是就好像是一个万花筒，本来只有一堆碎玻璃，我们却把它看成了一朵花；另一种可能是原子与原子之间确实有这样或那样的关系，于是形成一个有结构的整体，这世界就有可能真是一朵花（说它是花当然是比喻）。如果真实的情况是后一种，说世界整体是实在的就没有错。而且，那各种各样的（原子之间的）关系是不是也是实在的呢？要知道，哪里有原子，哪里就有原子之间的关系。我这样说怕是要把问题搞复杂了，但这不能怪我，是你逼的，因为你说话的方式已经太像一个小哲学家了。

你没有理会我的恭维，却狡猾地笑了：你刚才说的，是另外一些哲学家的看法？（我点了点头）那么，你自己的看法呢？你能同意我的说法么？

我略微平静了一些：我恐怕也不能同意你的说法。打个比方说吧，我已经活了 40 多年，如果有人告诉我说，我其实从来没有真正存在过，我只是我身体内所有原子活动的一个场所而已，你说我能不能相信他？

你开心地大笑：其实我也是这么想的。只不过你讲的哲学让我有些害怕，觉得好像什么东西都变得不是真的了。

我已经完全平静了：哲学的第一个任务恰好是要把握住"真"。追问"什么是本质"、"什么是实在"，都是在追问"什么是真"。到现在为止，我一直只是在给你讲哲学家关于世界、关于宇宙的思考。就仿佛哲学家们把整个世界放在自己对面来看、来想。但实际上哲学家们却是生活在这个世界之中的，这一点好像被我忽略了。其实我是故意的。我的想法是，一旦考虑到哲学家们就

人生一世, 草木一秋

生活在这个世界之中，我就该给你讲哲学家们关心的另一个方面的问题了。或者应该更正确地说，该给你讲哲学家们思考问题的另一种角度了。在这种角度上，哲学家们不能忘记的一件事是：他们是人，是有生有死的人。而这些问题将在下一篇中再讲。

你又回到了孩子的状态，不再像一个小哲学家了：你是说，关于世界、关于宇宙的哲学问题你已经讲完了么？

我回答说：当然远远没有讲完。我只是说了哲学家们关心的几个重要问题，让你对哲学家们到底在想什么有个初步的了解。与这些问题相关联的问题还有很多很多，有些是你想过的，有些你还没想过，还有一些是你必须学到一些知识之后才有可能想到的。

下篇：关于我们自己

从现在起，我要给你讲第二组问题，这一组问题都
与人有关。前面讲过，哲学家们把世界放在自己对面时，
总是惊奇不已，提了好多你也想过的问题。但当他们想
起自己也活在世界之中时，就不仅仅是感到惊奇了，有
时候还会觉得苦恼。这种苦恼，许多大人都会有，因为
大人们烦心的事情比较多，时常会闹不明白："人活着到
底为了什么?"只不过一般情况下大人来不及细想，总是
想办法自我排遣，比如打打牌、喝喝酒、看看电视什么
的，然后便继续忙自己的去了。烦心的事情过去了，开
心了，也就更不会去想了。哲学家们却不同，他们逮住
了这个问题就不放手，又开始"打破砂锅问到底"。所
以，有哲学家说："哲学是苦闷意识的产物。"这话你现
在听上去有些深奥，因为你还不明白人活着干吗会觉着
苦闷。但是，哲学家们（还有其他一些大人）并不是在

自寻烦恼。相反，有许多哲学家是非常达观的，他们像你一样热爱生活，觉得活着真好。但他们是爱智慧的，往往认为有智慧地活着比糊里糊涂地活着更好。因此，他们不仅想弄清楚世界的真实面目，而且想弄清楚自己活在这个世界上的真实意义。许多哲学家认为，弄清后一个问题比弄清前一个问题更困难也更重要，而且更需要智慧。于是，"认识你自己"这条古训就成了许多哲学家终生努力的目标。

在这一点上，你与哲学家的距离就要大一些了。你的眼睛此刻还是向外看的，看世界（世界真奇妙！）还来不及呢，哪有时间琢磨自己？而且，你有一个长长的未来，自己在未来会是什么样儿，现在的你哪能知道？再有就是，你的吃穿住行有爸爸妈妈操心，你很少有烦恼，也就用不着多想自己。不过，要让你懂得哲学家们在这件事情上都想了哪些问题也并不是太难，因为有些问题在你心里至少是闪现过的。让我们来试一试，但这回我不准备再请老K帮忙，而是改由我来问你。

想要结识自己

人是什么：这一回从星空说起

我有个朋友告诉过我，在他 9 岁那年，一个夏天的晚上，他在翠湖公园（他是昆明人）玩累了，躺在湖边的草地上仰望星空，心里忽然一动。他说："我清清楚楚地记得自己心里的那一动，觉得就是从那个时候起，我开始了思想。"我也是从小就喜欢仰望星空，而且也有过"心里忽然一动"的体会。你呢？"心里忽然一动"的时刻，你就不再想闹、不再想跳，甚至不再想讲话了。用大人们的话说，你的心情就变得严肃起来。要是你从来没有过这种体会，不妨找一个夜晚试试，当然最好是独自一人，在一个安静一点的地方。没有机会试也关系不大，现在我们可以开始想象。假想你现在正站在月球上，看见了一个比我们在地球上看见的月亮要大好几倍的蓝色星球，那就是我们的地球。我要问你的是，你觉得你会有什么样的感觉？

你不假思索地说：那肯定是太漂亮了！

我提醒你注意:月球上现在只有你一个人。

你笑了:那我可能会害怕。

那好,我继续说下去。现在让我们再假想你坐着宇宙飞船在太空中航行。你这才发觉,整个宇宙其实安静得可怕。"天上的星星眨着眼睛"? 那只是我们站在地球上而且是站在人群中的一种感觉。太空中那些巨大的星球其实是荒凉无比,而且是毫无声息地在运行着。(想想看,要是星星转动能发出声响,会比火车发出的声响大多少倍?) 只有我们那个小小的地球上有点儿热闹。实际上,地球上热闹的地方也只是星星点点地分布在陆地上,几公里才有一个村庄,几十公里才有一个城市,何况还有大片大片的森林、荒山和沙漠。海洋就不用说了,它们占了地球表面积的三分之二以上! 当你坐在飞船上这样看、这样想的时候,会不会觉得人其实十分渺小? 还有,到目前为止,我们还没有发现其他星球上有生命现象,你不觉得人类在这个宇宙中显得十分孤单吗?

你说:我可能会有这样的感觉。可是,我不明白你对我说这些是什么意思。

　　让我慢慢讲。现在我们来想想那些曾经在地球上威风一时的恐龙，它们的绝迹至今还是一个谜。有科学家猜测，极有可能是因为有什么天体撞击了地球，造成了恐龙的灭顶之灾。且不管造成恐龙灭绝的原因到底是什么吧，恐龙不再存在了总是个事实。如果恐龙会思想，它们就有可能想不通：既然要让我们灭亡，当初又何必让我们如此称雄地球？用人们爱发的感叹来表达恐龙的想法，那就是：早知今日，何必当初？你也许会插话说：可是，这不是谁让谁不让的问题，碰巧有个彗星撞上了地球，又不是谁故意安排的！我要告诉你的却是：恰恰是这个"碰巧"让恐龙想不通。它们会说：你的意思是说，在这个宇宙中"碰巧"就有了我们，"碰巧"就又没有了我们，我们的存在与否对这个宇宙来说是完全无所谓的？假定你自己就是一头恐龙，这样想时你会不会觉得伤心，觉得"活着真没什么劲"？对于会思想的动物来说，追问"为什么"是一种最为顽固的冲动。这种追问，很多时候并不是想知道事情发生的直接原因，而是想知道事情发生的意义。所谓意义，就是对某种目标所具有

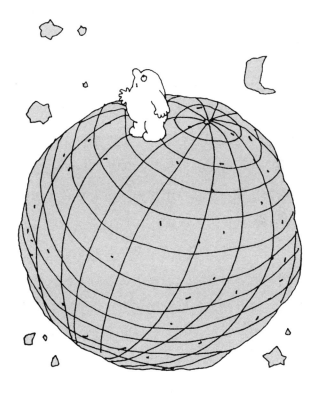

假如你是唯一的人

的作用与价值。比如说，你要是告诉恐龙，让你们灭亡是为了给一种更高级、更有发展前途的动物（哺乳动物）腾出地盘来，它们也许就会觉得自己的牺牲是值得的，于是也就想通了。可是你现在却告诉它们，你们灭亡的原因只是有一颗彗星偶然与地球相撞，根本不是为了什么。你想它们会有什么感觉？它们会突然意识到：原来它们的存在也纯属偶然，毫无意义和价值。

你终于忍不住了：可是恐龙其实并不会思想呀！

说得对！我只是在打个比方。如果有一天突然又有一颗彗星什么的撞击了地球，人类也因此灭绝了，（这不是绝对不可能的吧？）你会怎么想？你总不能说，因为人类有思想，所以就变得比恐龙金贵，而各种天体就都会小心翼翼地绕开地球，不去碰它撞它吧？想象这样的事情如果真的发生了，你会不会觉得人类的生存其实跟恐龙没什么两样？偶然在地球上出现了，又偶然消失了，太空中的星球却依旧在沉默中运行，好像什么事情都没发生过一样……

你突然大喊一声：我不相信！

你这一声喊，引起了我的强烈共鸣，因为我也不愿意相信。可是我却不能马上附和你，因为信念不能完全等同于思想。人类曾经一度相信，地球是宇宙的中心，日月星辰都环绕着它旋转。直到哥白尼发明了"日心说"之后，人们才开始相信，事实上是地球环绕着太阳在旋转，太阳系又远远不是银河系的中心，而银河系之外还有许多其他的星系。如此看来，地球只是宇宙中的一个并不起眼的小星球。原先人们以为地球是中心，无非是因为人们自己生存在地球上。

你开始有点儿"苦恼"了：那就是说，人类出现在地球上恐怕真的只是一个很偶然的事件，我们相信自己的生存有价值、有意义只是自己的一种错觉，或者说只是自己在骗自己？

我没有这样下结论。我们对世界和宇宙的了解其实还十分有限，要下任何结论也许都嫌太早。从另一个角度看，我们的"信念"也并非完全没有根据。试想，当你坐着宇宙飞船在茫茫太空中穿行时，除了感觉到人类和自己的渺小、孤单以外，你也许还会惊叹：竟然会有那么一个蓝色的星球，有空气、有水，而且产生了生命与人类！的确，宇宙中产生了生命简直就是一个奇迹，产生了精神现象就更是一个奇迹。对于科学家来说，这是一个比恐龙灭绝更大的谜。对于哲学家来说，其神秘之处则在于，世界的一部分（虽然是极小的部分）居然能感觉到、意识到并且认识到其他部分的存在与性质，实际上还感觉到、意识到并且认识到它们自己的存在与性质。我们为什么不可以据此认为：这是宇宙自己在认识自己？再想想人类历史，人类由于拥有认识世界的能力而似乎有了某种方向，也就是说，人类似乎正朝着某个方向进步与发展。最早，生活在不同地区的人群互相之间并没有什么来往，但每一群人都学会了用火、制陶、制造和使用各种石器、炼铁、养鸡养狗、种庄稼……而且每一群人都有自己的语言（都会说话），所有这一切都会使人想起，好像有一只看不见的手在巧作安排。你不觉得是这样吗？从这种观点看，人类的出现就不像是盲目偶然的，倒很可能是出于某种我们现在还不明白的"设计"。当然，这只是一种猜测。

你又不能相信我了：你是说，当真有神存在?

我也没给出这样的结论。我只是说，人类以及人类意识和精神的产生是一个很神秘的事件，其中必然有一些我们还弄不清楚的道理在。神秘的事件不一定就与神有关，比如"天外来客"就很神秘。我们不妨大胆地猜想一下，人类的产生会不会是由于某种外星人在地球上做了一次生物遗传工程的实验呢?

你更"苦恼"了：要真是这样，那人类的命运就更悲惨了，成了实验品，成了工具，还谈什么价值和意义?!

这一回我真该安慰你了。我说的只是猜想。我的意思是，当我们对一件事没有取得确切知识时，我们没有理由限制自己的想象，并根据想象发问。哲学家们大都是想象力很强的人，面对着对人类处境和命运的种种猜想，他们问：人是什么? 进一步的追问是多种多样的，其中有一种就是：人究竟是偶然生存于茫茫宇宙的一个角落中的渺小生物，还是我们通常相信的那样，人是万物之灵长?

人生的意义：生命只有一次

我年轻的时候常常在山间小路上独自行走。前无村，后无店，那些山路上往往一个人也没有。偶尔遇见一个人，彼此对看一眼，然后便擦肩而过，各走各的路，从此再也不会见面。走在路上遇见陌生人，这当然没有什么好奇怪的。可是，有一次我竟然停了下来，望着对方远去的背影想了好半天，想出一连串"傻"问题来：他是谁？从哪里来？要到哪里去？过去我不认识他，今后也可能永远不会认识他，那为什么他会与我相遇？为什么是在这里（而不是在别处）相遇？又为什么是在今天（而不是别的时间）相遇？为什么他遇见的偏偏是我（而不是别人）？为什么我遇见的又偏偏是他（而不是别人）？

你扑哧一声笑了：这些问题谁能答得上来呀？

这些问题确实是谁也答不上来，可是却并不好笑。生活不同于电视、电影，最主要的一点就在于生活不那么富于戏剧性。比如说，如果你在电视或电影里看见了

路虽相通，人不相逢

两个人在山路上相遇，就会相信，这两个人在接下来的
情节中必定会再次相遇，或者成为敌人，或者成为朋友。
也就是说，你相信他们的相遇绝不是无缘无故的，否则
这个镜头就会成了毫无必要的镜头，导演一定会删去。
在我们的实际生活中，情况就往往不是这样。你与许许
多多的人相遇后又分开了，全都是无缘无故的。以后你
活你的，他过他的，彼此毫不相干，并且谁也不会惦记
谁。但生活中却不存在一个导演来把这种毫无必要的情
节删除。它竟然发生了，却又跟从来没发生过几乎没有
两样。德国有句谚语"只有一次等于一次也没有"说的
大致就是这个意思。你当然不能相信这一次相遇实际上
从没发生过，但你的确弄不明白它发生了和它没发生对
于你或他的生活有什么不同影响。也就是说，你弄不明
白你们的相遇究竟有什么意义。

你说了：干吗要弄明白这些事的意义？

这样说也无大错。但是，你不觉得在我们的生活中
像这样无缘无故（也就是无意义）的事太多了吗？如果
我们生活中的大部分遭遇和经历都无意义，生活本身是

不是还有意义?更重要的是,人人都在说,我们的生命只有一次,那么,我们的一生是不是也和那次偶然的相遇一样,有过与从没有过并无不同?当问题这样被提出来时,谁还会觉得好笑?哲学家们在追问"人为什么活着"或者"生活的意义是什么"时,心中牢牢记着的一件事就是:生命只有一次。他们当中的大多数人都想向你证明,只有一次的人生自有它的价值和意义。

我们是谁:丧失了记忆?

你做过这样的梦吗?在梦中你到了一个地方,那地方你好像到过,醒来后却想不起那地方到底是哪儿。我小时候就经常做这样的梦。还有一种相反的情况是,我到了一个地方,觉得好像在梦中到过。总而言之,梦境有时候跟真的一样,真事有时候倒恍若梦境。我因此曾产生过一个奇想:真正的我其实正在别的地方(比如在另一个星球上)做梦,梦见了我在这里的言行和思想。

这一回你没有笑我,而只是若有所思地点了点头。

　　你不认为这种奇想过于荒唐？那太好了。我想告诉你，"人生如梦"是从古至今常有的一种感叹。中国古代的哲学家庄周就有过和我类似的想法。有一次他梦见一只蝴蝶，醒来后觉得有些恍惚，于是他问道：是庄周梦蝶，还是蝶梦庄周？现在让我们再来想象一下，假如有一个人突然失去了记忆（在电视、电影里你见过这样的人），他肯定就会不断寻思：我是谁？我从哪儿来？又要到哪儿去？

　　你说：这没错，可是跟我们有什么关系？

　　怎么没关系？一个丧失记忆的人对过去丧失了记忆，但眼前发生的事他多半还是能记住的。他的时间好像分成了两段：丧失记忆之前和丧失记忆之后。他记不住前一段时间的事（完全记不得），却记得住后一段时间的事。再大胆地想一下，我们也有可能全都是些丧失了记忆的人，记不住自己来到这个世界之前的任何事。换句话说，我们忘了自己原来是谁，从哪儿来又要到哪儿去。你觉得没有这种可能吗？哲学家们却忍不住爱问：我们是谁？有时候他们觉得这个问题比"人是什么"的问

哲学家们想些什么问题?

我们是什么东西?

题还要重要。古希腊特尔斐神庙门前的铭文"认识你自己"就包含了这一问题，古希腊哲学家柏拉图的名言"知识即是回忆"大概也是与这一问题很有关系的。

什么是善：重要的是"应该"二字

有一则寓言说，一头熊与一个猎人成了好朋友。有一天，猎人在林中的草地上睡着了，睡得很香。一只苍蝇却老在他脸上叮来叮去。熊生气了，为了不让苍蝇打扰好朋友睡觉，它搬了块大石头朝苍蝇砸去。结果你可想而知，猎人被砸死了。

你哈哈大笑，却没有忘记问我：你想用这个故事说明什么呢？

我没想用它说明什么，而只是想问你：熊的这个行为是好还是坏？

你一下愣住了：我还真有点答不上来哩。你说它好吧，后果太坏了；你说它坏吧，熊的本意又是很好的。

答不上来没有关系，大人们也答不上来的。我想告诉你的是：好与坏是一个很可以讨论的问题。什么是好？
什么是坏？一般情况下我们会觉得很容易作出判断。做
了好事你会对自己感到满意，做了坏事你会感到不安；
见到好人你会喜欢、钦佩，见到坏人你会反感、愤恨。
这种种反应几乎是不用想就自然产生的，所以有人认为
人天生就具有关于善与恶的知识。不过，这种知识却有
一个奇怪的特点。如果只是一般地说说，大家的看法会
非常一致：杀人不好，欺骗不好，打架不好，骂人不
好……救人好，诚实好，友爱好，有礼貌好……谁都不
会反对。但只要一涉及对具体事情作判断，好像大家的
一致看法就都不作数了，你说这好，他说这不好，你说
那不好，他说那就好……争论不休，而且一争论就容易
动火，变成吵架。你看见过吵架吗？吵架的人虽然有时
会骂得很难听，但骨子里总还是想让别人说他是对的、
好的，说对方是不对的、不好的。还是举例子说吧。你
要是跟人说：打人不好。不会有人跟你争。可是，你要
是对一个正在打人的人说这话，他也许就会对你说：我
打的是坏人，有什么不好？或者说：是他先动的手，

该不该砸？

莫非我还坐着让他打不成？你要是再说，他就有可能跟你吵起来，说你偏心，说你不了解情况，说你多管闲事，等等。说实在话，要说清楚一件事情的好坏是非，的确不是太容易的事，因此我们的生活中才有那么多争吵，而且常常是吵也吵不明白，得请别的人来断个公道，有时候还要上法庭。如果你试着给别人断一回公道，就会发觉"公说公有理，婆说婆有理"，你常常被吵糊涂了。这时候你才明白，我们以为自己天生就具有的关于善与恶的知识其实是大有疑问的。因此，哲学家们一直在讨论这个问题。他们当然不能一件事一件事地讨论，而是从根本上对我们关于善恶的知识进行思考。他们的问题是：什么是善？什么是善的行为？动机好但效果不好的行为是善的行为吗？效果好但动机不好的行为是恶的行为吗？如此等等。更重要的是，他们讨论这些问题，归根结底是想知道：人应该怎样活着？人应该做些什么以及应该怎样做？或者说，人应该怎样做人？事实上，当他们追问"人是什么"、"我们是谁"、"人生有什么意义"等问题时，已经不只是出于好奇而发问了（这一点我在前面已说过），而同时是出于内心的一种迫切需要，即需要知道"人应该怎样活着"和"我应该怎样活着"。与这些问题相关的一个问题是：什么是幸福？或者说：什么样的生活才是幸福的生活？

什么是美：你是否被打动过？

20多年前，我们一伙知青住在一座大山上的农舍里。有一天夜里我睡不着，轻手轻脚地爬起来，打算到屋外走走。不想一推开房门就"哎呀"一声惊呆在门旁。我看见了什么呢？我看见一轮明晃晃的月亮悬在群山顶上，半山腰云雾缭绕，被月光照得银灿灿的一片。我那一声喊惊动了同屋的其他人，他们纷纷起床来到门边，而每个人的反应都和我一样，呆住了。最后起来的一位也许是睡得最香的一位，他来到我们身旁往外一看，恍然大悟地说了一声："原来是雾！"说完便毫无留恋地回去继续睡他的觉去了。我们大家当时都觉得很扫兴，谁不知道那是雾呢？可是，那些雾、那些山，还有那个月亮，形成了一种景象，却不是用一个雾字就可以说完的呀! 关键还在于那景象在当时引起我们的一种感觉，用通常的话说就是：我们被那景象打动了。我不知道你有没有过类似的体验，比如被一朵小花、一块青青的草地、一片朝霞或晚霞打动过? 还有大海上的日出、高山上的落日、莽莽苍苍的草原、滚滚滔滔的江水……

你急了：你一下子说这么多，好些地方我还从来没到过呢。

对不起，我有点激动了。那我再来问你：你读过或听过安徒生写的童话故事么? 你被那些故事打动过么? 举例说，当你读到《海的女儿》结尾处那位小人鱼化作空气飘散在大海上空时，你是不是觉得眼睛有些潮湿了呢? 我相信，你一定有过被打动的经验。可是，你想过没有，是什么东西打动了你? 哲学家们认为：那打动了你的东西是美。他们当然也被美打动过，但在冷静下来之后，他们就开始追问：美是什么? 他们还注意到，我们被打动的感觉多种多样，这说明美有许多不同的性质。比如说，大海上观日出和花园里看花所引起的被打动的

为艺术哭得跟泪人似的

感觉就明显不同,读安徒生的童话更是另一个样子。还有,我们在听相声时常常会忍不住开口大笑甚至破涕为笑,这是不是也可以看作被打动了呢?所以,他们不单单问"美是什么",还问"什么是艺术美"、"什么是自然美"、"什么是崇高"、"什么是滑稽",等等。

说到这里,我当然还远没有把哲学家们关心的所有问题一一给你罗列出来。但你不难发现,不管还有多少问题,都可以归于三个大问题中的一个。这三个大问题是:什么是真?什么是善?什么是美?求真、求善、求美之心都出于人的天性,你也不会例外。从这个意义上说,"人人都是哲学家"或者"人人都会想哲学问题"的说法便没有错。当然,并不是人人都能成为哲学家,这与会做菜的人并不一定能被称为厨师是一个道理。

Ⅲ. 哲学家都是些什么样的人？

哲学家都是一些大孩子

我再说一遍，哲学家都是一些大孩子，因为他们童心未泯，几乎终生都保有儿童一般的好奇心和求知欲。但他们又都是些很成熟的大人，因为他们大都经过刻苦学习，掌握了比一般大人还要多的知识。不止于此，他们中的很多人不仅像孩子一样爱智慧，而且像阅历丰富的老人一样有智慧。印度大诗人泰戈尔曾写下这么一句诗："我像村里最年轻的人一样年轻，像村里最年迈的人一样年迈。"我以为这句诗很可以作为真正的哲学家的写照。泰戈尔自己就是一位很有哲学家气质的诗人。

然而，除了上述的共同点以外，哲学家们相互之间的千差万别就跟普通人之间的千差万别没什么两样了。他们有的胆大，有的胆小，有的潇洒，有的拘谨，有的机敏，有的刻板，有的慷慨，有的吝啬，甚至有的高尚，有的卑鄙……总而言之，在为人处世上你很难把他们划归一个类型。

有两类哲学家：硬心肠的和软心肠的

至于讲到哲学家们的生平经历，一般就比较平淡无奇了，因为他们大多数人的大多数时间都用于思想，惊涛骇浪都发生在思想历程之中，生活中遭遇的事件与变化自然就会比较少。著名哲学家康德甚至说："痛苦就是被迫离开原地。"

泰勒斯的名言

"每本哲学史教科书所提到的第一件事都是哲学始于泰勒斯。"当然，这里指的是西方哲学史，这句话就是从一个名叫罗素的英国哲学家所写的《西方哲学史》一书中引出来的。

泰勒斯是古希腊的米利都人，米利都在当时是一座繁荣的商业城市，位于小亚细亚，濒临地中海。泰勒斯出生和去世的年月离我们太久远，所以人们很难准确地说出来。但人们知道他曾预言过一次日食，而那次日食（据天文学家推算）发生在公元前 585 年，由此可以认定他的活动大致是在那一时期。

　　泰勒斯是古希腊著名的"七贤"之一，而且他还是第一个得到这种称号的人。据说有一次人们用渔网打捞到一只三脚鼎，决定把它献给当时希腊最有智慧的人，结果一致同意献给了泰勒斯。古希腊"七贤"中的每一个人都有一句流传于世的名言，泰勒斯的那一句是："水是最好的。"我想，他这样说是因为他长年生活在海边的缘故。我自己是在山区长大的，从小就对海抱有一种向往之情。少年时期有一位朋友得到一次去海边的机会，当时就很让我羡慕。不想他从海边寄来的信中却说："我道海是什么，海原来是一片无边无际的水。"后来我自己也有机会去看过海，在海边竟同时想起泰勒斯的名言与我那位朋友的"傻话"。刹那间我觉得我已理解了泰勒斯。你想，那样常见、那样简单的东西（水）居然能汇聚成那样伟大的景象，你还能不说它"是最好的"？再想一下，地球表面有 71％ 的面积被水覆盖着，而人体的构成成分中有 80％ 左右是水，你还能认为泰勒斯这句话没有道理？

　　其实，泰勒斯说这话是出于他对世界的一种看法，他认为："水是万物的始基。"这话的意思是说，万物都是从水而来，是水的变形，而最终又会复归于水。或者说，万物都是由水构成的。按我们前面的说法就是，水是万物的"本来样子"。他有这种看法，显然是由于他观察到水对生命的重要性。前面提到的哲学家罗素在《西方哲学史》一书中这样评论："这种说法可以认为是科学的假说，而且绝不是愚蠢的假说。20 年以前，人们所接受的观点是：万物是由氢构成的，水有三分之二是氢。"罗素写《西方哲学史》的时间大约是在 20 世纪 30 年代，也就是说，直至 20 世纪初，人们的看法距泰勒斯的看法仍并不太远。另一位叫黑格尔的德国哲学家则评论说："哲学是从这个命题开始的。"我想，黑格尔的意思是说，泰勒斯这句话表明了泰勒斯已开始提出哲学问题，即追问世界的本质是什么。

泰勒斯是古希腊时期非常博学的人，他研究的许多学问（如天文学、几何学、物理学、航海学和工程学等等）在今天已划归科学。但在古代，科学与哲学并没有被严格区分开来，都属于"爱智慧"，也就是在哲学名

设计一个 "泰勒斯喷泉"

下。不过，把泰勒斯看成第一个哲学家（而不是看成第一个科学家）也不是没有道理的，因为他显然是一个"打破砂锅问到底"的人，在所有这些学问背后，他还想追寻更为根本的东西。另一位古希腊的哲学家曾记载过这样一个关于泰勒斯的故事：

> 人们指责他的贫困，认为这就说明了哲学是无用的。据这个故事说，他因为精通天象，所以还在冬天的时候就知道来年的橄榄会有一场大丰收，于是他以拿出自己的一点钱作为租用丘斯和米利都的全部橄榄榨油器的押金。由于当时没有人跟他争价，他的租价是很低的。到了收获的季节，突然间需要许多榨油器，他就恣意地抬高价格，于是赚了一大笔钱。这样他就向世界证明了，只要哲学家们愿意，就很容易发财致富，但是他们的雄心却是属于另外的一种。

那么，泰勒斯的"雄心"到底是怎样的呢？"去寻求唯一智慧的事物吧！去挑取唯一优美的东西吧！"泰勒斯用这样的话表明了哲学家的态度。

苏格拉底之死

苏格拉底毫无疑问是哲学史上最重要的哲学家之一，也是人类历史上最受人尊敬的人物之一。苏格拉底是古希腊人，他一辈子生活在古希腊最伟大的城邦——雅典。他生于公元前 470 年前后，肯定死于公元前 399 年。就因为他的死，公元前 399 年成了一个人们永久纪念的年份。

苏格拉底是一个非常雄辩的人，他的一生都是在辩论中度过的。他从不著书立说，只是在雅典街头聚集起一帮爱智慧的青年人，探讨"天上地下"的各种问题。有时候还会拦住过往的行人，提出问题，展开辩论。据说他也常常会独自站在街头沉思，一站就是好几个小时。他的妻子桑蒂普觉得他简直就像个游手好闲之辈，因而时常对他大发雷霆。这使得他的妻子也成了历史名人，

苏格拉底喜欢在雪地里思考

以至于桑蒂普（Xanthippe）这个名字在西语中竟与"悍妇"一词同义。苏格拉底好像对他的妻子也抱定了一种哲学家的宽容态度，有一回他的妻子一边叫骂一边将一盆水泼在他头上，他却慢条斯理地说："我说嘛，桑蒂普一打雷，天就要下雨。"

桑蒂普哪里知道，她的丈夫用他自己的辩论为西方哲学开创了一种最基本的方法。有哲学家说过："也许我们可以把'哲学'定义为用柏拉图的方法所可能追求到的全部探讨的总和。"柏拉图是苏格拉底的学生，其方法是直接从苏格拉底那里继承下来的。事实上，我们现在所了解到的苏格拉底，大部分是出于柏拉图的记载。

苏格拉底的方法是一种什么样的方法呢？说起来也并不复杂，无非是无拘无束的辩论或讨论。参与辩论或讨论的人不必有任何顾虑（不因为对方是你的老师、长辈或上司什么的就不愿或不敢有话直说），而只遵从一条原则，那就是谈话必须有逻辑性。你不要被"逻辑"两个字给唬住，它的意思无非是要你说话不能前言不搭后语。比如说，你的老师要求你每天晚上按时睡觉，却又

苏格拉底在辩论中总能牵着别人的鼻子走

经常布置了多得你不做到深夜就做不完的作业，并且说："做不完就别睡觉！"如果你不害怕，也就是可以和老师无拘无束地谈话的话，你就会质问："那我怎么可能按时睡觉呢？"老师如果不用发脾气来作掩护，他就肯定无话可答，因为他犯了一个逻辑上的错误，发出了两道互相矛盾的指令。实际上，你在生活中会经常运用逻辑，只要谈话的确是无拘无束的。要是你喜欢玩电脑，就更容易明白逻辑是什么意思。电脑是最讲求逻辑的，不合逻辑的指令它总会拒不执行。

这样来看，苏格拉底的方法就确实不难懂。用通常的话说，它不过是"摆事实，讲道理"的方法。辩论双方谁也不压制谁，谁也不胡搅蛮缠，（比如耍无赖说："我偏要这么说，你能把我怎么样？"）辩论就有可能顺理成章（也就是符合逻辑）地深入下去。这大概就是苏格拉底之方法的要点所在。为了让你更清楚一些，我可以试着模仿苏格拉底的风格编写一段对话。我假设它发生在能无拘无束地进行讨论的一个学生与一个老师之间。

老师：同学们，你们应该爱护动物。

学生：老师，老鼠是不是动物？

老师：是。

学生：那我们为什么要消灭老鼠呢？

老师：我说的是，你们应该爱护好的动物。

学生：什么样的动物才是好动物呢？

老师：对人类有益的动物就是好动物。

学生：猪和羊是不是对人类有益的动物呢？可我们为什么要杀死它们？还有，老虎是会吃人的，为什么现在又要保护它们呢？

············

接下来你可以想象，老师必须向学生解释什么叫对人类有益和有害，而学生还可以继续追问，讨论就这样一步一步地深入下去。这样的讨论不一定会得到一个最终的结论，却可以把我们平时没有好好想过的许多问题加以澄清，使我们对事情的看法不再那么笼统和似是而非。苏格拉底使用这样一种方法逼使对手自己开动脑筋独立思考，让他自己得出结论。所以，人们常说他的方法很像一种"接生术"。

我为什么这样不厌其烦地向你介绍苏格拉底的辩论方法呢？因为他所倡导的无拘无束的讨论不仅对于哲学，而且对于我们的生活来说都太重要了。这其中有一种精神，那就是"只服从真理"的精神，而真理只有通过独立思考和自由讨论才能获得。苏格拉底的一生都表现这种精神。他不接受任何人的强迫，也从来不强迫任何人。他的这种精神对后来的哲学家和其他一些人影响很大。在他之后有一位古希腊的大哲学家就说过："我爱我的老师，可是我更爱真理。"我们可以说，如果没有秉承苏格拉底的这种精神，哲学将不成其为哲学，人类思想也将不成其为人类思想。

苏格拉底是怎样表现这种精神的？除了终其一生都在进行自由辩论以外，他更用自己的死为这种精作出了见证。苏格拉底是被当时的雅典城邦开庭审判处死的。法庭加给他的罪名是："苏格拉底是一个作恶者，一个怪异的人。他窥探天上地下的事物，把坏的说成好的，

并且以这一切去教导别人。"换句话说，他的罪名就在于
他坚持并教导别人要独立思考和自由讨论"天上地下"
的任何问题。在法庭上，他为自己作了辩护，然后坚定
不移地选择了"去死"。为什么说"去死"是他自己的选
择？因为：按照当时雅典城邦的法律，他本来可以自己
提出一种法庭认为适宜的处罚（代替死刑），可是他提出
来的却是处以 30 个米尼的罚金。这笔罚金数量太小，以
至于法庭大为恼怒，更加坚决地判了他死刑。他无疑已
预见到这种结果，但并不想以看来是承认自己有罪的让
步来避免死刑。读过他的辩护词就不难理解他的这一选
择。他在辩护词中说，探讨自己和探讨别人是他的天职，
他当过兵，懂得什么叫忠于职守，放弃职守就无异于做
了逃兵。如果以不再继续他以往所做的那种思考为条件
而允许他活命，他就宁愿选择死。他还说："只要还有生
命和力量，我就决不停止实践哲学和教导哲学，并劝勉
我所遇到的每一个人……"当法庭宣判了他的死刑之后，
他又发表了最后一次讲话，表明了自己对死亡的安详态
度。他说："死别的时辰已经到了，我们各走各的路

吧——我去死，你们去活。哪一个更好，唯有神才知道。"

接下来是死刑的执行，法庭决定让苏格拉底饮鸩（毒酒）而死。苏格拉底的朋友们来到牢房，给他带来了一条易如反掌的脱身之计，但被他拒绝了。"振作起来，"他对陷于悲痛中的朋友们说，"告诉人们，你们掩埋的只是我的尸体。"说完这句话后——还是让我们来听柏拉图把这个故事讲完吧。

说完这句话后，他站起身来，叫我们稍候，就和克里同一块儿走进浴室去了。我们一边等候，一边说着话，大家都沉浸在巨大的悲痛之中。他就像一位我们正在失去的父亲，而我们就要作为孤儿去度过自己的余生了……太阳落山的时刻临近了，他在里面已经待了很长时间。终于，他出来了，又和我们坐在一起……大家只是相对无言。很快，狱卒走了进来，站在他的身边，说道："苏格拉底，在所有来过这里的人当中，您要算最高尚、最温和、最善

良的一个了。我每次服从当局的命令,吩咐其他犯人
服毒,他们就像发了疯似的把我骂个狗血淋头,您是
不会和他们一般见识的。其实我明白您不会生我的
气,因为您知道错在他人,不在我。我这就向您告
别,死生有命,请您尽量想开点。我这份差事,您是
知道的。"说罢,只见他眼泪夺眶而出,转身出去了。

苏格拉底望着他说:"您的好意我心领了,我听
您的吩咐。"然后他转过身来对我们说:"这个人多
可爱呀,这些天来,他没少来看我……看看刚才他
向我表示遗憾时是多么慷慨吧。我们必须按照他的
吩咐行事。克里同,看看鸩酒准备好了没有,如果
准备就绪,就叫人端来。"

"可太阳还在山头上呢,"克里同说,"许多人都
是一拖再拖,就是在宣布叫他们就死之后,他们也
要大吃大喝,寻欢作乐一通才肯罢休。您又何必这
么忙,还有的是时间哩。"

苏格拉底回答说:"是的,克里同,你说的那些
人这样做是对的,因为他们认为通过拖延可以有所

得。不过我不这样做也是对的，因为我不认为晚死一会儿自己就能得到什么。我吝惜和挽救的生命已经奄奄一息了，要是那么做，我只能感到自己可笑。请按照我的话去做吧。不要拒绝我。"

听见这话，克里同朝仆人做了个手势。仆人走进内室，过了一会儿，便和端着一杯毒鸩的狱卒出来了。苏格拉底说："您，我的好朋友，是有经验的，就请教教我这事儿该怎么进行吧。"狱卒回答说："您只要来回走动，等到走不动了，再躺下来，那时毒性就发作了。"说着，他把杯子递给苏格拉底。苏格拉底轻松自如、温文尔雅地接过杯子，毫无惧色地说："您说我可以用这杯酒来祭奠神灵吗？能还是不能？"狱卒回答说："我们就准备了这么多，苏格拉底，再也没有了。""我明白了，"他说，"不过我可以而且必须祈求众神保佑我在去另一个世界的旅途中一路平安——但愿我的祈求能得到满足。"说完，他把杯子举到唇边，高高兴兴地将毒鸩一饮而尽。

至此，我们尚能节制自己的悲哀。然而，当我们眼见他一口气把鸩酒喝完时，都禁不住潜然泪下。我用双手捂住脸，泪水却像泉水般从指缝间涌流出来，我是在为自己哭泣。因为我确实不是在为他而哭泣，而是一想到自己就要失去这样一位良师益友，一种大难临头的感觉便使我悲恸不已。不独我是这样，克里同也止不住泪如雨下，忙起身躲到一边去了。这时，一直在一旁悄然啜泣的阿波罗多罗斯突然失声痛哭起来，于是大家顿时都失去了勇气。只有苏格拉底泰然自若："这么哭哭啼啼是干什么？"他说："我不让女人待在这里，就是怕她们来这一手。你们也许知道人应该在平静中死去这个道理吧。那就安静耐心一点儿吧。"听见这话，我们都感到羞愧，于是便忍住了眼泪。他在房间里来来回回地踱起步来，直到走不动了，才遵照指示，躺了下来。给他送来毒鸩的狱卒不时地查看着他的双脚和双腿。少顷，他使劲在苏格拉底脚上捏了一把，问他有没有感觉。苏格拉底回答说："没有。"就这样，狱卒顺着脚踝一路捏上来，向我们表明苏格拉底已经僵硬冰凉了。苏格拉底自己也感到了，他说："毒鸩一到达心脏，一切就结束了。"他的下腹周围开始变凉了，这时他撩开盖在身上的被单，露出脸来说——这成了他的临终遗言——"克里同，我还欠阿斯克勒庇俄斯一只公鸡，你能记着替我还清这笔债吗?""我一定替您还清，"克里同说，"您还有其他吩咐吗?"没有回音，一切又复寂静。过了一会儿，我们听见他动弹了一下，狱卒掀开被单，只见他目光已经凝滞了。克里同替他合上了双眼和嘴巴。

没有人能比柏拉图把这个故事讲得更好了，这是世界文学中最伟大的篇章之一，可一点儿也不难懂。我想告诉你的是，只要愿意，你完全可以直接去读那些伟大的作品。

笛卡尔的沉思

笛卡尔被人称作"近代哲学之父"，异议不多。他是

法国人，生于公元 1596 年，死于公元 1650 年。从苏格
拉底到笛卡尔，我带着你一下子跨越了一千多年时间。
难道这一千多年中就没有什么值得一谈的哲学家了么？
当然不是。但我不是想给你讲授哲学史，而只是想让你
了解一下哲学家都是些什么样的人。我选了几个哲学家，
自有我自己的理由，只不过这些理由无须在这里啰啰唆
唆地向你诉说而已。

从柏拉图以后到笛卡尔之前，哲学家们大都是教师，
18 世纪以后，哲学家们又多半是教授。近代哲学之父笛
卡尔却不是一个职业哲学家。他以发现者和探究者的姿
态执笔，文章写得平白易懂。他的书不是供学生们读的，
而是给一般明白事理的人看的。他的文笔还异常出色，
哲学家罗素因此评论说："近代哲学的开拓者有这样可佩
的文学感，对近代哲学来讲是很可庆幸的。"

1619 年 11 月 10 日，正在军队当兵的笛卡尔在军营
中一夜连做了三个梦。第一个梦是梦见一群鬼怪向他扑
来，夹着一股旋风；第二个梦是梦见一声巨响，有如惊
雷，使他猛醒；第三个梦是梦见面前摆着一本诗集，书

笛卡尔只有坐在壁炉前才能进入沉思

页上写着："我今生要走哪条路？"他觉得这三个梦简直就是一种启示，启示了他的使命。按他自己的理解，第一个梦的含义是：邪说横行，处境危险；第二个梦的含义是：一旦猛醒，决不回头；第三个梦的含义则是：必须走出一条新路，建立一个全新的体系。

他做这三个梦的时间是在冬天，军队驻扎在德国南部，天气十分寒冷。据他自己说，他早晨钻进一个火炉子（德国南部当时有这样一种奇怪的火炉，人可以钻进去烤火），整天待在火旁沉思默想。当他出来的时候，他的哲学已成了一半。当然，也许他故意把事情说得这样富于戏剧性，他的哲学思想实际上不是成于一朝一夕的功夫。不过，在落笔写他的名著《方法论》的时候，他确实是从火炉中的沉思开始的。

笛卡尔的沉思是从"怀疑一切"开始的。他说，我能不能怀疑我正穿着晨衣坐在这儿的炉火旁边？能，因为也许我正赤身睡在炕上却梦见自己正坐在这儿。而且，一个精神病人也有可能产生这样的幻觉，我也许正处于与精神病人相同的状态。

用这种怀疑的眼光来看世界，就没有什么事物和知识是不可怀疑的了。例如，我们看见天上有许多星星能不能怀疑？能，因为它们也有可能是我们梦见的，或者只是我们的一种幻觉。同样，天文学家发现的星星以及有关这些星星的知识也是可以怀疑的，因为那可能是出自天文学家的幻觉。物理学家也一样，他们对某个物体运动的描述当然也有可能只是出自他们自己的幻觉。

比较起来，数学知识好像要确切可靠一些。比如说，我眼前出现一块方形的石头很可能只是我的梦，但方形有四条边、四个角却与我是不是在做梦没有关系。也就是说，说方形有四角四边，这不能怀疑。笛卡尔自己是一个出色的数学家，坐标几何就是他发明的。他的确认为数学知识比其他知识更确切可靠，但不认为数学知识就无可怀疑。你说方形有四条边、四个角，你怎么知道你没数错？你说你每次数都是四条边、四个角，所以不会错。那也不见得，你怎么没有可能每次都数错？这听上去像是有些强词夺理，但笛卡尔有笛卡尔的道理。他想，会不会有一个狡猾的恶魔在我身边使了障眼法，让我每次都数错了方形的边与角，而且每次都错得一样，时间一长，我便信以为真了呢？你可能会觉得笛卡尔想得有些荒唐。我却觉得有必要替他辩解一下。假如孙悟空想捉弄一个洞里的妖怪们，他就有可能让妖怪们每次都数错了方形的边与角。比方说，他让妖怪们每次都数成了五，时间一长，这个洞里关于方形的知识是不是就会有"方形有五条边、五个角"一说？你可能会不服气，说："可是世界上并不是真有孙悟空呀！"我想提醒你的是，笛卡尔是在怀疑，你也可以认为他坐在炉火边正在疑神疑鬼。他并不认定真有什么恶魔，只是怀疑有，为什么他不可以怀疑？其实，换一种表达，笛卡尔的怀疑就不仅有理，而且十分重要。他怀疑的是：我们所有一切知识的来源究竟可靠不可靠？这个问题横在整个近代哲学的面前，后来的哲学家没有一个人能回避它。关于这个问题，我在"哲学家们想些什么问题"一章里已经讲过一些话，这里不再多说。可以补充的一点是，按现代物理学的观点（笛卡尔当然还不知道有这种观点），一个物体在以光速或接近光速的速度运动时，该物体的形状在我们眼里就会发生改变。我们完全可以据此想象，当一个方形物体以这种速度向我们奔来时，我们看见的它就不会是有四条边、四个角的形状。那么，哪一种形状才是方形物体的本来样子呢？是我们平时看到的，还是它在以光速运动时所呈现出来的？所以，笛卡尔并不荒唐。

然而，要像笛卡尔这样怀疑下去，别说是建立一个全新的体系，就是一句肯定的话都不能说了呀！你别急。哲学家虽然是从大胆怀疑开始的，却并不一定以全盘怀疑告终。笛卡尔在炉火边有这样一个发现："我可以怀疑一切，却不能怀疑我正在怀疑。"这话你听上去也许会觉得有点绕，但笛卡尔的意思却是再清楚不过了：我在想，眼前这一切都有可能不是真的，但"我正在想"却是一个确定无疑的事实。从这个发现，笛卡尔引出了第一个肯定的结论："我思故我在"。他把这个在他看来是清楚明白的结论作为基石，一砖一瓦地营建起他的大厦，也就是全新的体系。你可以认为，他用他的怀疑先清扫出一片空地（在他眼里那地方原先堆积着各种邪说谬见——想想他的第一个梦），然后另起炉灶，重新放下基石，开始建设新的体系。这可是从亚里士多德（古希腊哲学家、柏拉图的学生）以来未曾有过的事。

你也许不完全明白笛卡尔说"我思故我在"的意思，更不明白它何以会成为一个全新体系的基石，对于现在的你来说，那些都是无关紧要的。但我想要让你了解哲学家的这种怀疑精神和从头开始的勇气。

斯宾诺莎的信念

哲学家们敢于怀疑，但这并不是说，哲学家们都成了怀疑主义者——对什么都不肯相信。相反，有许多哲学家都具有坚定的信念。他们一旦相信了什么，往往会坚定不移。斯宾诺莎就是一个比较突出的例子。

斯宾诺莎是犹太裔荷兰人，生于公元 1632 年，死于公元 1677 年。他的生平十分简单，先在阿姆斯特丹，后来在海牙平静度日，靠磨镜片维持生活。他的物质欲望少而简单，一生当中对金钱都表现出一种罕有的淡漠。

与所有哲学家一样，他最喜欢做的事就是沉思默想。不过，据说他磨镜片的手艺十分出色。磨镜片固然是出于谋生的需要，但学会磨镜片却是因为遵循了他的犹太祖先们的教导。犹太人有一句古训说："每一个有学问的人，如果不学会一门手艺，最终会变成一个无赖。"

你可以想见他是怎样过日子的。他住在一个僻静的阁楼上，经常闭门谢客，在房里一待就是两三天，连简单的饭菜也是由房东夫妇送到他房间里。有一个为他写传记的人说："斯宾诺莎每个季度都要仔细算一次账，以便能够把钱不多不少正好花到年底。有时他还对房东说，他就像一条蛇用嘴咬住了尾巴，意思是说到年底他剩下的只有一个零。"磨镜片的钱只要够换饭吃，他就不再多磨。斯宾诺莎的日子过得紧巴巴的，却自得其乐。用他自己的话说："虽然有时候我会发现靠我天生的理解力所采集到的成果并没有实惠，但我对此只感到心满意足而别无他求，因为我喜欢采集，它给我带来安宁和喜悦，使我不用唉声叹气地过日子。"

斯宾诺莎想要"采集"的东西是什么呢？让我们再

听听他自己是怎么说的——

　　经历使我懂得，日常生活的忙碌是徒劳无益的；我发现，我所害怕的一切和害怕我的所有一切，除了影响情绪之外，本身并无善恶可言。于是，我决心至少要去探索一下究竟有没有什么事物是真正的善，并能够把它的善传达与人，使人能够排除一切杂念。我是说，我决心要看看自己能否发现并获得那种永享极乐的本领。……我并非看不到荣誉和财富给人的诸多好处，我也知道，如果我真的希望去探索一种新事物，就会与上述东西无缘。……但是，对于这两种东西，人得到的越多，便越觉得快乐，便越想得到更多，而一旦欲望受到挫折，又会觉得痛苦不堪。对名声的追求也会碰到这种不利，也就是说，为了出名，就必须投人所好，不说他们不爱听的话，专拣他们听着舒服的讲。……只有对一个永恒和无限的事物的热爱，才能给人以一种不受任何痛苦威胁的乐趣。……最大的善就是认识到心物合一。……人的知识越多，就越清楚地知道自身的力量和自然的秩序，就能更好地使用自己的力量并为自己立法。人对自然秩序了解越多，就越容易挣脱毫无用处的俗念。这就是全部的方法。

斯宾诺莎的信念在这里已经展现出来。他相信万事万物（整个宇宙）都有着固定不变的秩序和法则。由于这些秩序和法则，万事万物就形成了一个和谐的整体（宇宙）。人始终是这个整体的一部分，因此，只有自觉地遵从这些秩序与法则，使自己与宇宙整体合而为一，才有可能过上幸福美好也即是善的生活。而要自觉地遵从这些法则和秩序，首先必须认识到它们，然后依照它们来为自己的生活订立法则与秩序。斯宾诺莎想要"采集"的，就是关于这些法则与秩序的知识。

这里需要作出解释的是，人既然是宇宙整体的一部分，自然只能服从宇宙间的法则与秩序，为什么还非得认识到它们不可？比如说其他动物，它们也在服从自然法则，但它们显然并没有认识到它们所服从的法则，这

的确是一个问题，而且恰好是斯宾诺莎最为关心的一个
问题。他说过，他"决心要探讨一下"的事情就是"究
竟有没有什么事物是真正的善"。换句话说，他最关心的
问题是：在承认了人的能力有限之后，人怎样才能过一
种高尚的（也即幸福的和善的）生活呢？如果我们只能
像动物一样盲目地服从自然法则，我们便活得跟动物没
有两样了，这种活法当然是谈不上什么高尚不高尚的。
然而我们是人，人是有理性、有智慧的，完全有可能过
一种有理性、有智慧的生活。在斯宾诺莎眼里，有理性、
有智慧的生活才有可能是高尚的生活。

　　举一个例子说，人与其他动物一样，都害怕死亡。
可是有理性、有智慧的人却会想：凡是人办得到的事情
没有一件会使人长生不老，所以我们为自己必有一死而
恐惧、而悲叹就纯粹是在浪费时间，徒劳无益。想通了
这一点，就有可能心平气和地对待必然要来的死亡，不
为它烦心，不为它恐惧，而让自己的生活多一分安宁，
少一分烦恼，多一分从容，少一分狼狈。这样，人的生
活当然也就多了幸福、高尚和善了。你不要说这其实办

不到，古往今来有许多智者的确曾经用很平静的态度面
对过死亡。前面讲到的苏格拉底就是一例，斯宾诺莎自
己也是一例。他在死前的最后几分钟还在与别人安详地
谈话，仿佛死亡与他在生活中遇到的其他事没有什么两
样。你还应该记住的是，他死的时候才 44 岁。

　　对待生活中的其他事情其实与对待死亡一样，态度
上也能有很大的不同。只知道追名逐利、求福避祸的人
永远生活在希望与恐惧之中，他们得不到安宁。有理性、
有智慧的人则能知道什么是可避免的，什么是不可避免
的；什么是可求到的，什么是不可求到的。因此，他们
懂得引导和节制自己的感情，免受希望与恐惧的折磨。
斯宾诺莎自己也做到了这一点。

　　总而言之，斯宾诺莎倡导一种高尚的生活，也就是
不单纯顺从我们的欲望、感情和激情，而是用我们的理
性去统治、驾驭和节制它们的生活。他认为我们应该成
为欲望、感情和激情的主人，而不是反过来成为它们的
奴仆。他之所以这样主张，是因为他坚信人类理性不仅
能发现和认识宇宙的秩序与法则，而且能依照这些秩序

假如斯宾诺莎穿上印了字的文化衫……

和法则来控制自己的欲望、感情和激情。他的这一信念，在近代西方世界被表达为："理性能使人自由"，并且曾经一度成为西方世界许多人共有的信念。然而，在他身上这一信念是如此强烈，以至于他时时处处身体力行，不仅这样想，而且这样做，用自己的一生作出了有力的证明。因此，有哲学家说："斯宾诺莎是伟大哲学家当中人格最高尚，性情最温厚可亲的。"

说他"温厚可亲"，当然不是指他对万事万物都始终保持着一种哲学的平静（那也许会冷得可怕），而是指他也能理解和尊重平常人的生活。他为自己的日常生活制定了一个简单的行为准则，并且也是一辈子身体力行的。这个准则是："1. 用一种人民能够懂得的方式对他们说话，替他们做一切与我们的目的并行不悖的事情。2. 只享受那些有益于健康的乐趣。3. 不贪财，只要能维持健康的生命即可；不落俗，只遵守那些不妨碍我们事业的风俗习惯。"

从这个准则看，他自己也在过着一种平常人的生活，只不过少了一些平常人的那种自寻烦恼罢了。

康德的忧虑

康德是德国人，或者说，他是一位德国教授，因为他几乎终生都生活在学院内，而且过的是一种典型的学院式生活。1724年他出生于当时属于东普鲁士帝国的柯尼斯堡（第二次世界大战后划归苏联，改名加里宁格勒），此后整整80年，也就是一直到1804年逝世时为止，他都一直住在这个城市里。他在柯尼斯堡大学上学，又在柯尼斯堡大学任教，平平稳稳、无风无浪地度过了自己的一生。然而他却用自己的思想与著作在人类思想史上掀起过巨大的波澜，至今都未曾平息。有人说他是近代最伟大的哲学家，也有人不同意，但无论如何，他是近代最重要的哲学家与思想家之一却是毋庸置疑的。

关于康德这个人，哲学界以外的人知道得最多的有两件事。一是他说过的一句名言，"有两件事物，我们越是对它们沉思默想，就会越加敬畏。那就是：我们头顶的星空和我们心中的道德律。"另一件事是，康德的生活

建造在沙堆上的房子

极有规律，每天下午只要他身着灰色大衣，拿着手杖外出散步，当地的居民就知道时间准是三点半了。其实他年轻时并不这么刻板，大约是在50岁以后才养成了生活严格有序的习惯。他说，他的巨著《纯粹理性批判》中有许多主要思想都得自他每天散步的那条路。因此，他散步的那条路至今仍被人们称为"哲学之路"。

康德早年并不曾想到，他会在57岁时写出一部震惊整个世界的哲学书。他早年的著述大多是关于自然科学方面的，他写过《自然通史与天体理论》，提出了有关太阳系起源的星云假说；又写过《人类学》，提出了人类可能起源于动物的观点。此外，从1755年到1797年，在长达42年的教学生涯中，他讲过"自然地理学"、"理论物理学"、"自然法"以及"教育学"等等，总而言之，他所讲授的课程远不止于哲学范围。当然，他也讲授哲学，但他对学生们反复强调：你们跟我学不到什么哲学，而只能学哲学思考。他的意思是：哲学不是一种现成的知识，而是永不停息的思维活动。"自己思维，自己探索，用你自己的脚站着"——这就是他对学生们提出的忠告。

　　这一忠告显然也是他自己奉行的原则。按他自己的说法，他曾经从"独断论的美梦"中被唤醒。他所说的"独断论"是指他的前辈哲学家莱布尼兹和沃尔夫的学说。这种学说的内容是什么，在这里无关紧要。我要说的只是，康德认为自己曾躺在这种学说上睡过大觉，停止了"自己思维，自己探索"的活动。一旦醒过来，他就开始努力"用自己的脚站着"。

　　是什么使他醒过来的？是英国哲学家休谟写的一本书。那本书名叫"人类理智研究"，是休谟对自己的主要哲学著作《人性论》（最初出版于1739年）进行简缩后写成，时间是1744年。康德读到它的时间却是1769年，也就是在20多年之后。这本书的观点使康德感到震动和忧虑。他不敢也不愿相信休谟的观点会是对的，却又觉得必须面对它，不能轻轻松松地斥之为荒唐后便继续睡自己的大觉。也就是说，他觉得休谟说得很有道理，却又使人难以相信。那么，问题究竟出在哪里？康德为此寝食难安，从此便一门心思地思考和研究这一问题。这一头扎进去，花去了康德整整 12 年的时间，他终于写出了那本震动世界的书——《纯粹理性批判》，算是对休谟作了回答，也算是对自己的思考与研究作了初步总结。

那么，休谟究竟提出了什么观点，竟然使康德如此震惊呢？说实话，要对你说清楚还真不容易。这样吧，我试着给你讲讲其中最重要的部分，当然不能完全依照休谟自己的论述方法。这一个部分是休谟讨论知识的部分。他的观点大体如下：我们的一切知识都来自我们的经验，也就是说，没有什么知识是我们天生就有的。当然，有些知识是通过学习获得的，并不一定要我们自己亲身经验到。比如说，你没有到过北极，却知道这世界上有一个北极，而且知道北极那地方长年冰雪覆盖，有北极熊和海豹等。这些知识是从书本和电视中学到的，和你自己的亲身经验无关。不过，休谟要说的是，你通过学习得到的知识最终也是人从经验中获得的，只不过是他人的经验而已。你不难同意这一点。那么，经验是什么意思呢？经验无非指人看到、听到、闻到、摸到，等等，一句话，经验无非是由人的各种感觉印象组成。

本来这些感觉印象都是单个的，但我们常用思维把它们连成一体，形成知识。用休谟自己举的例子说，我们看见太阳光照在一块石头上（这是一个感觉印象），又用手摸摸石头，觉得石头是热的（这是另一个感觉印象），然后我们想了一下把两个印象联系在一起，说："这石头是被太阳晒热的。"换一种说法就是："太阳晒是石头热的原因。"这时候如果有人问你："这石头怎么会热？"你就会毫不犹豫地向他传授这条知识。可是，休谟却对这条知识提出了质疑，他说：你只感觉到太阳晒和石头热（你只有这两个感觉印象），却并没有感觉到太阳晒热了石头（你不可能有这种感觉印象），而只是把前面两个印象连在了一起。换句话说，太阳晒热了石头是你推想出来的，你的推想真的可靠吗？你也许会回答说：我每次看见太阳晒时，摸到石头都是热的，因此我知道石头热是因为太阳晒的缘故。休谟的反驳却是：你一共看过和摸过多少次呢？你怎么敢肯定你以前和以后没有看到太阳和摸到石头的时候不会出现相反的情况：太阳晒的时候石头并不热？更重要的是，就算每次我们看到太阳晒时都能摸到石头热,你也没法断言太阳晒就是石头热的原因,因为很有可能每次太阳晒的时候,石头自己也恰好发热了。时间一长,我们就误以为太阳晒是石头热的原因。打个比方说,如果有人跟你开了个玩笑,他把一只闹钟拨到早晨8点钟时响铃,然后把钟藏在你听得到而看不到的地方。你自己也有一只闹钟,却没有上响铃的发条。可是,后来每天早晨你的钟一走到8点,那铃声就响了。时间长了,你会不会误认为是你的闹钟在响铃,或者说,你的闹钟走到8点是铃声响的原因?我举这个例子是想让你想象一下,太阳和石头有可能像两只同步的钟,早已被一只看不见的手调节好,凡太阳晒的时候,石头自己就开始发热。你不要以为这个论辩荒唐,休谟要求我们拿出证据来证明,"太阳晒是石头热的原因"这条知识是确实可靠的。他的要求是合理的,他的质问也是有道理的。因此,他一下子就困住了康德。问题当然不在于太阳晒和石头热这样一件事的判断,问题是在于:如果我们关于事物的原因和结果的知识都不是确实可靠的,那么,我们所有的知识都变成可疑的了。

近代建起的科学大厦岂不是要因此土崩瓦解吗？要知道，我们的绝大部分知识都是在陈述某种因果关系呀！举例说，我们看见太阳东升西落，是因为地球在自转的缘故，我们看见水结成冰，是因为气温到了 0℃ 的缘故……如此等等。

你大概快要知道康德忧虑的是什么了吧？他是一个热爱科学、热爱知识的人，当发现整个知识大厦都好像建在流沙之上时，怎么能不担心呢？他花了 12 年时间来解决这个问题，是不是真的解决了，后人一直有争论。他的解决办法说起来很难懂，你也没有必要现在就弄懂它。我想告诉你他的一些主要结论，目的则在于让你了解他更深一层的忧虑。

康德强调了人的认识能力（他称为纯粹理性）在获取知识方面的主动性。他说，人的认识能力并不像一块只能被动接受印象的蜡版（把什么东西往上一按，就留下一个痕迹），而更像一个活动着的装置，能够把感觉材料整理、铸造成形（知识）。与此同时，他为纯粹理性划定了界限，说只有在某种范围内，它才有可能取得对它有效的知识。超出这个范围，它就无能为力了。也就是说，在这个范围之外，我们不可能有任何知识。我们可以看出，正是休谟提醒了他，必须探讨和指出人类理性的限度。前面我已经讲过，近代西方世界曾滋长出一种强烈的信心，相信人类依靠自己的理性便有能力认识世界和自己并成为世界和自己的主人。这种看法导致的结果只能是：人不再相信有高于人、大于人的力量，而只相信自己。康德更深的忧虑正在于此，因为他认为人还应该有信仰。什么叫有信仰呢？那倒不一定是要烧香拜佛、上教堂做弥撒。一个人只要相信世上有比自己更伟大、更崇高的事物并对之怀有敬畏之心，就可以说是有信仰的人。有信仰的人做事，不会只想"我要这样"，而会想"我应该这样"。因此，在给人的认识能力划定界限之后，康德就开始寻求一条通往信仰的道路。为此他又写了一本书，名叫"实践理性批判"。他把信仰建立在"我们心中的道德律"这个基础之上。什么是"我们心中的道德律"？简单讲就是我们心中存在着的那种向善的强制性力量。康德认为那是我们天生就有的，否则我们不会一做坏事就感到内心不安。尽管他关于道德的论述在后来遭受到很多质疑，但他那句关于星空和道德律的名言却响彻了几个世纪。伟大的音乐家贝多芬也曾这样发出共鸣："头顶有群星璀璨，心中有道德法庭。"

　　你越长大就越能明白，康德的忧虑绝不是出于庸人自扰。

告别的话

　　告别的话只有一句：我并不希望你从此立志要成为哲学家，但希望你一如既往地爱智慧。再见！